小野人 007

孩子的世界歷史大地圖

從史前時代到 21 世紀，人類的大冒險與大發現

作者	貝特朗·菲述（Bertrand Fichou） 迪迪耶·巴力席維（Didier Balicevic）
譯者	陳太乙
總編輯	張瑩瑩
副總編輯	蔡麗真
責任編輯	鄭淑慧
美術設計	洪素貞 (suzan1009@gmail.com)
封面設計	周家瑤
行銷企畫	林麗紅

出版　野人文化股份有限公司
發行　遠足文化事業股份有限公司 (讀書共和國出版集團)
　　　地址：231 新北市新店區民權路 108-2 號 9 樓
　　　電話：（02）2218-1417　傳真：（02）8667-1065
　　　電子信箱：service@bookrep.com.tw
　　　網址：www.bookrep.com.tw
　　　郵撥帳號：19504465 遠足文化事業股份有限公司
　　　客服專線：0800-221-029
法律顧問　華洋法律事務所　蘇文生律師
印製　成陽印刷股份有限公司
初版首刷　2016 年 11 月
初版 3 刷　2024 年 4 月

有著作權　侵害必究
歡迎團體訂購，另有優惠，請洽業務部（02）22181417 分機 1124

國家圖書館出版品預行編目 (CIP) 資料

孩子的世界歷史大地圖：從史前時代到 21 世紀，人類的大冒險與
大發現／貝特朗·菲述（Bertrand Fichou），迪迪耶·巴力席維
（Didier Balicevic）作；陳太乙譯，新北市：野人文化出版：
遠足文化發行，2016.11
　　　面；公分 . -- （小野人；7）
　　　譯自：La p'tite encyclo de l'histoire du monde
　　　ISBN 978-986-384-171-5(精裝)

　　1. 世界史 2. 通俗史話

711　　　　　　　　　　　　　　　　　　　105020223

La p'tite encyclo de l'histoire du monde
© Editions Bayard, 2015 (France)
Published in agreement with Editions
Bayard, through the Grayhawk Agency

孩子的世界歷史大地圖
從史前時代到 21 世紀，人類的大冒險與大發現

線上讀者回函專用 QR CODE，您的
寶貴意見，將是我們進步的最大動力。

孩子的
世界歷史
大地圖

從史前時代到21世紀
人類的大冒險與大發現

貝特朗‧菲述 Bertrand Fichou ╱ 迪迪耶‧巴力席維 Didier Balicevic ── 著　　陳太乙 ── 譯

目錄

史前時代・12

古文明時代・22

中世紀・40

古早古早的時候，人們相信
地球是這樣子的……

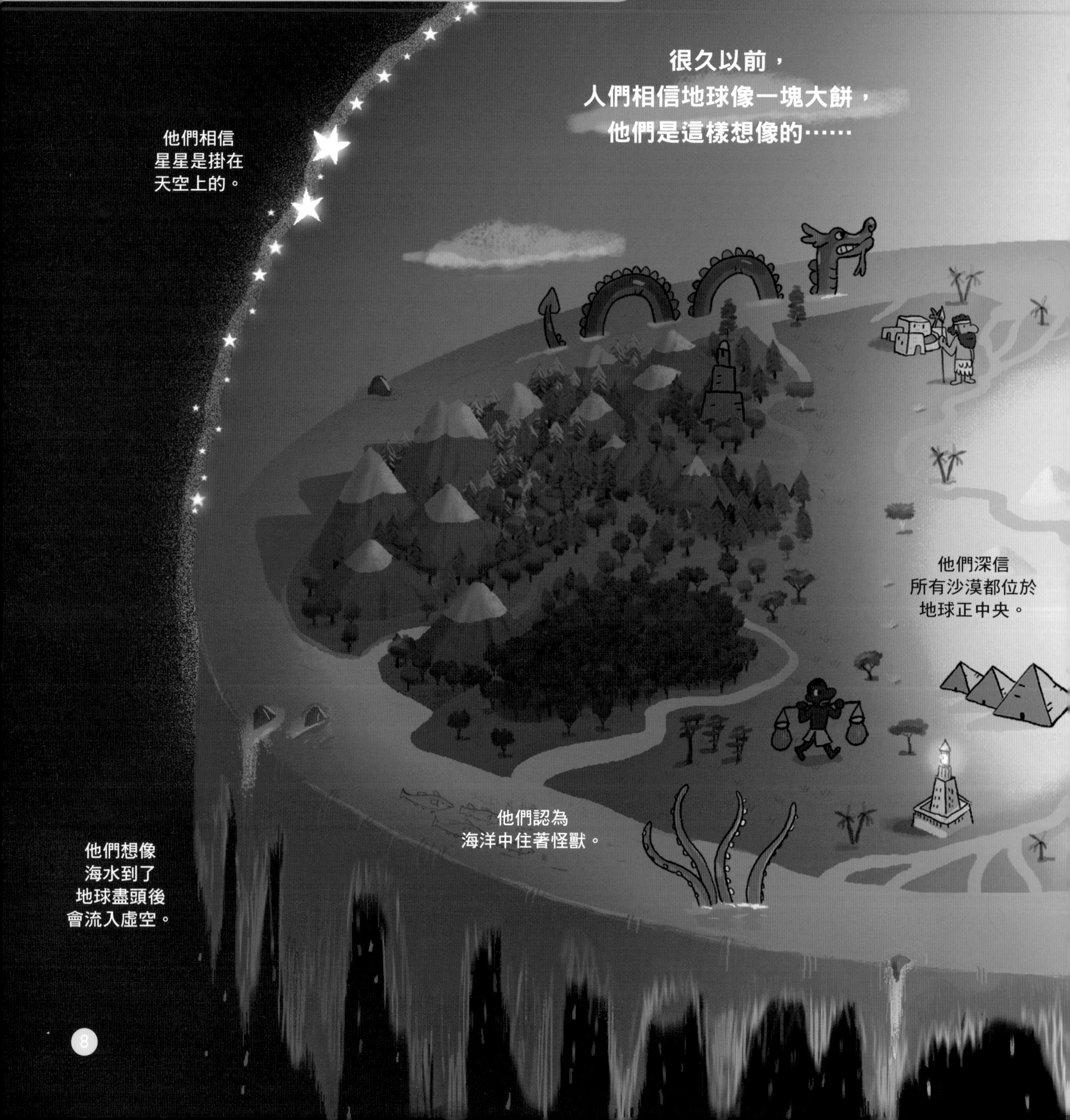

很久以前，
人們相信地球像一塊大餅，
他們是這樣想像的……

他們相信
星星是掛在
天空上的。

他們深信
所有沙漠都位於
地球正中央。

他們認為
海洋中住著怪獸。

他們想像
海水到了
地球盡頭後
會流入虛空。

8

他們以為
天空像一頂蓋子
罩在地球上方。

他們想像——
白天時，太陽沿著天頂爬升；
到了晚上，再從地底
回到原點。

他們以為地球的
每一座高山上
都有萬年積雪。

他們相信如果
水手航行太遠，
就會掉到
世界外面去！

漸漸地，人類懂得我們所居住的地球是圓的。

我們現在所居住的
這顆美麗的藍色球體
被水覆蓋，
我們的祖先已在此
演化了幾百萬年。

在這張圖上，
太陽在那個方位，
距離很遠，
照亮著地球。

在我們的星球上，
海洋的面積比陸地大。

海底有奇怪的生物，
但沒有怪物。

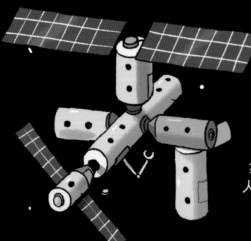

靠著國際太空站，
人類開始進駐太空。

北極的氣候
非常寒冷。

人造衛星幫助我們
觀察地球，
並畫出非常精準
的地圖。

世界最高的山──
聖母峰上頭，
有萬年不化
的冰雪。

地表上到處都有沙漠，
其中最大的是
非洲的撒哈拉沙漠。

地球周圍是太空。
太空中滿是星星，
而那些星星也是
其他星星的太陽。

南極的氣候
非常寒冷。

地球被一層大氣包圍，
有了大氣層，
人類和動物才能呼吸。

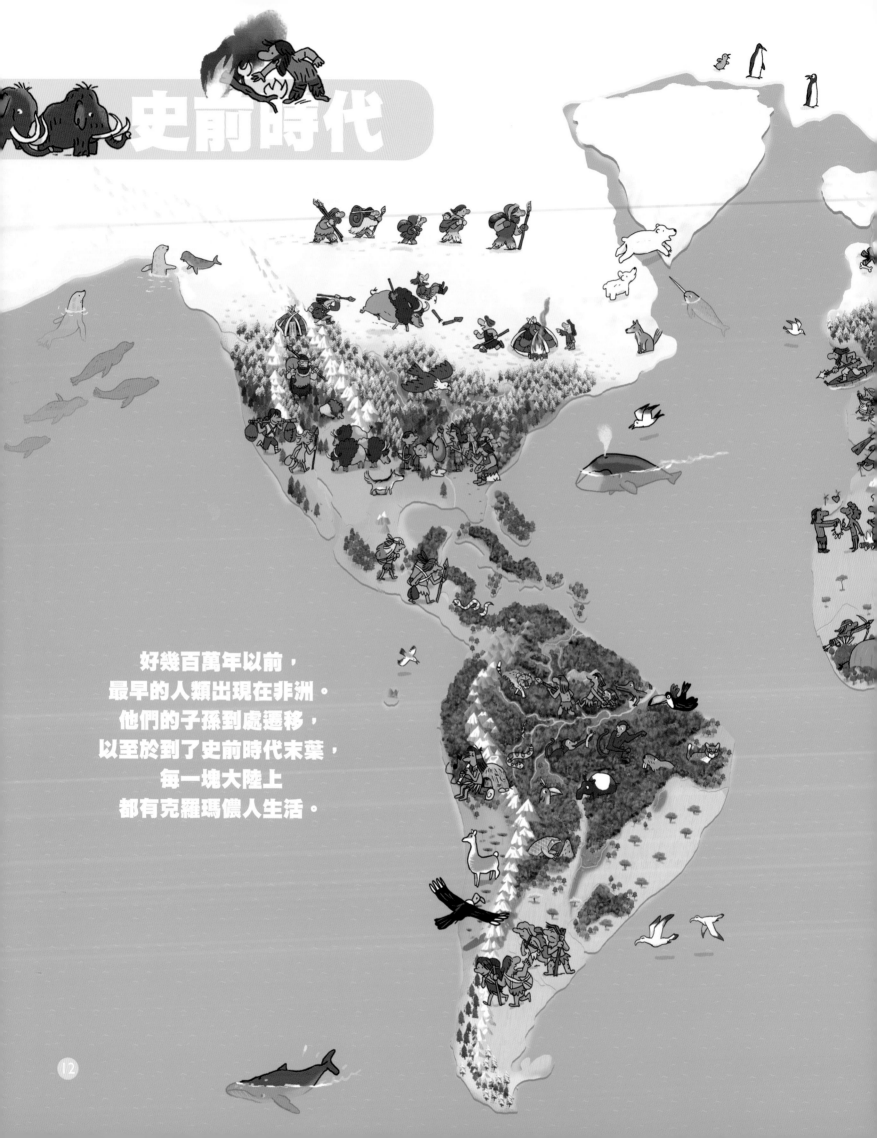

史前時代

好幾百萬年以前，
最早的人類出現在非洲。
他們的子孫到處遷移，
以至於到了史前時代末葉，
每一塊大陸上
都有克羅瑪儂人生活。

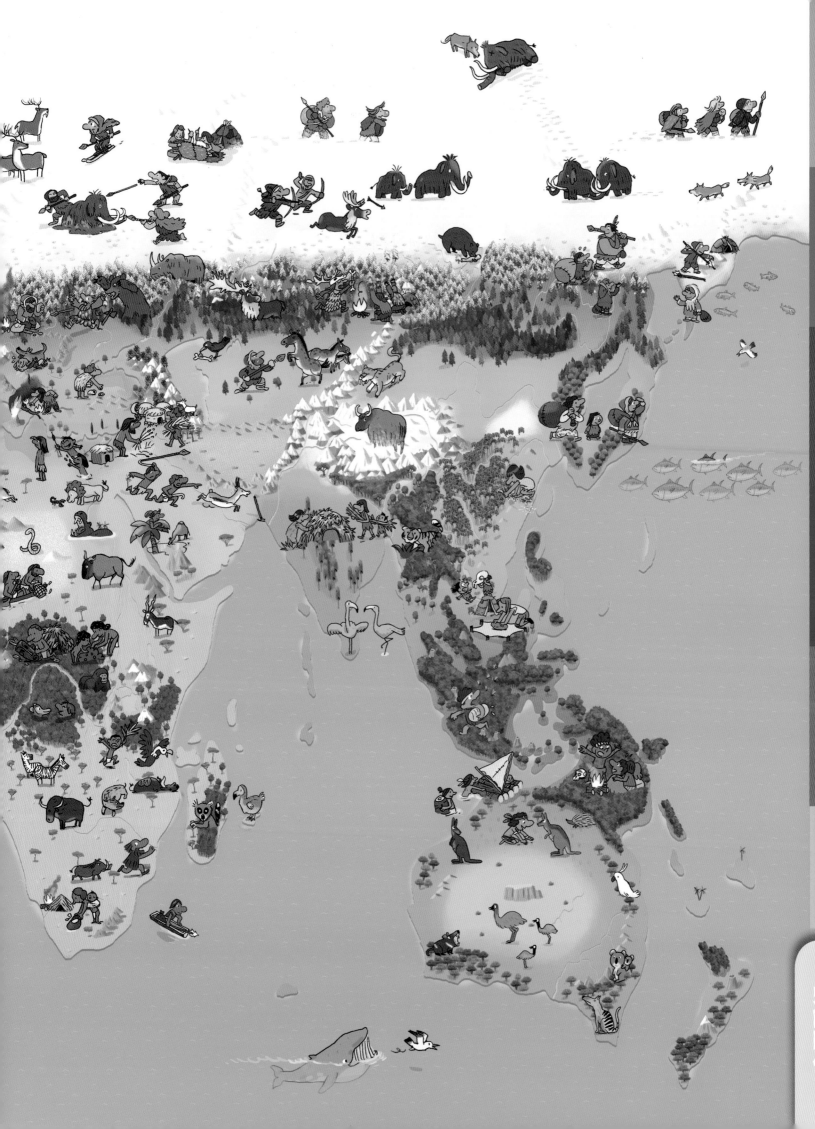

現代（約20&21世紀）

工業革命時期（約19世紀）

啟蒙時代（約17&18世紀）

文藝復興時期（約16&17世紀）

中世紀（約5～15世紀）

古文明時代（約西元前7千年～4世紀）

史前時代（約西元前2百萬年～前8千年）

我們的遠祖
長得像大型猿猴。

人類已演化了
幾百萬年。
人類站立起來，
學會用雙腳走路，

頭顱位於身體的最上方，
找到了平衡機制，
於是腦袋能夠長大，
雙手能夠運用自如，

喉部變得靈活輕鬆，
因此關節能轉動，
並且說話！

400 萬年前，
我們的祖先是
南方古猿，
生活在非洲，
已經會使用
棍棒和石頭。

200 萬年前，
巧人 已能用腿部
站立得很穩，
並且大概已經有
發音清楚的語言。

100 萬年前，
直立人
是優秀的獵人。
他們會使用火。
分布在歐洲、
非洲和亞洲。

10 萬年前，地球上出現好幾種人，
其中較知名的是——

尼安德塔人
已在 3 萬年前
消失。

克羅瑪儂人
是現今生活在
地球上所有人類的
主要祖先。

人類已經學會做許多事情囉！

用樹葉建造小屋，
或用獸皮覆蓋長毛象的骨骸，
當成遮蔽所。

打獵並摘食
好吃的植物。

製造樂器，
如獸骨或蘆葦做成的笛子。

用骨頭磨尖的
魚叉打漁。

乘坐獨木舟航行。

用獸皮縫製
溫暖的衣服。

採集蜂蜜。
小心蜜蜂啊！

巫師發明語言及舞蹈，
跟大自然的神靈溝通。

（約20＆21世紀）現代

（約19世紀）工業革命時期

（約17＆18世紀）啟蒙時代

（約16＆17世紀）文藝復興時期

（約5～15世紀）中世紀

（約西元前7千年～4世紀）古文明時代

（約西元前2百萬年～約8千年）史前時代

歡迎來到史前時代！

對我們的祖先來說，長毛象代表有很多肉可吃，而且牠們的骨頭經常被拿來製造工具和小屋。

早期的人類
發明了好多好
建造小屋的方法

這個女人正在清洗一張獸皮。

祖先們一定是在火堆旁開始講述故事的。

這個漁夫要用魚叉抓一條魚。

縫衣針發明後，可以縫製比較實用的衣服。

當一個史前時代的男人或女人可不簡單！
必須打獵、採集、調理食物、
還要保衛家園、對抗大型野獸……

這個男人把樹幹鑿成
一艘獨木舟。

身手十分矯健
才能拉弓射箭！

在學會游泳之前，
我們的祖先橫渡河流時
會抓著一根浮木。

這名治療師
懂得運用植物照顧病人。

我們的祖先
吃水果和植物
比吃肉多。

最早的藝術家已經懂得各種創作技巧

3 萬年以前，我們的祖先在陰暗的洞窟深處
畫了許多動物和人物。
究竟是有什麼目的呢？真相沒有人知道……

在石壁上
刻出紋路。

克羅瑪儂人
用木炭塊繪圖。

利用木製小吹管
替畫上色。

克羅瑪儂人
用手當模板。

他們使用油燈
來照明。

他們製作木頭、石頭或
象牙雕像。

土

獸毛和草
做的筆刷

燒焦的
骨頭

石灰

鐵屑

克羅瑪儂人自己製作顏料。

西元前
200萬
年

工具

人類用木棍和石頭
製造了最初的工具。
棍棒用來拔除植物的根部
或自我防衛。
切鑿過的燧石很銳利，
可以切肉、刮皮……

西元前
40萬
年

火

控制火提供熱、光，
是人類早期偉大的成就之一。
早期的人類
從自然界產生的火源中
保留火種。
後來學會使用鑽木取火
或者敲擊燧石的方式
來起火。

火能照明、使人溫暖、
驅離野獸，
還能烹調食物、煙燻保存。

西元前
10萬
年

宗教

人類相信大自然中住著神靈。
他們認為，
每一頭動物、每一棵植物、
每一粒石頭都有靈魂。
這就是最初的宗教。

（約20&21世紀）**現代**

（約19世紀）**工業革命時期**

（約17&18世紀）**啟蒙時代**

（約16&17世紀）**文藝復興時期**

（約5～15世紀）**中世紀**

（約西元前7千年～4世紀）**古文明時代**

（約西元前2百萬年～前7千年）**史前時代**

西元前 3萬年

投槍器與弓箭

人類發明了投槍器，
可以更有力地擲出標槍。

他們也發明了弓，
可以把箭射到很遠的地方。

西元前 1.5萬年

藝術

人類發明了藝術——
他們在洞穴深處的石壁上
作畫、雕塑小玩偶，
也製造珠寶首飾。

西元前 8000年

農業

史前時代末期，
男人與女人學會了種植穀物。
為了住在農田附近，
他們建造了最早的村落，
住了下來。

依照我們現在的說法，
他們變成了
「定居民族」。

古文明時代

人類變成農夫和畜牧者。
許多人不再遷徙，
留在田裡耕種。
他們建造了最早的城市，
儲存穀物，交易商品。

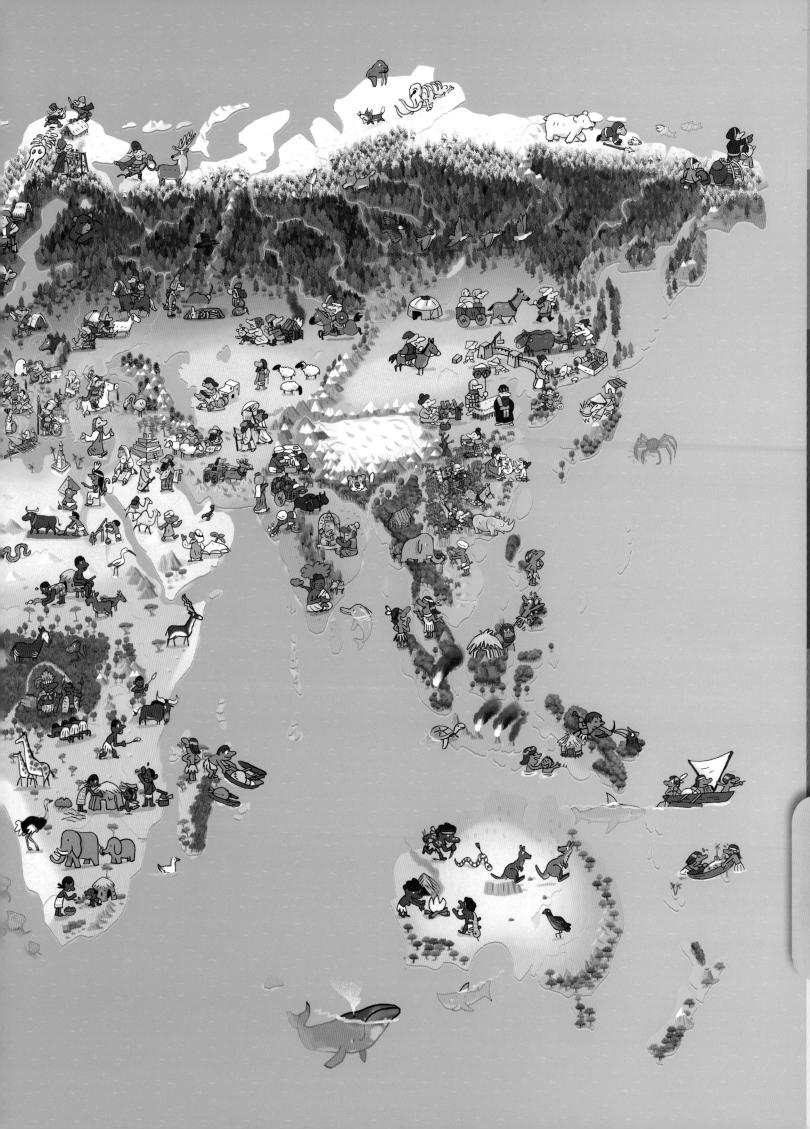

（約20＆21世紀）
現代

（約19世紀）
工業革命時期

（約17＆18世紀）
啟蒙時代

（約16＆17世紀）
文藝復興時期

（約5～15世紀）
中世紀

（約西元前7千年～4世紀）
古文明時代

（約西元200萬年前～西元8千年前）
史前時代

古文明時代，
世界上發生了這些事……

人類在地中海建立了龐大的國家。

蘇美人建造了幾座大城市。
每一座城裡都有一座金字形神塔——
那是一座非常高的建築，
塔頂上建有神廟。

巴比倫人以巴比倫城為中心，
創建了一個帝國。
巴比倫城以空中花園聞名，
是古代的世界七大奇觀之一。

希伯來人是最早
信奉單一神明的民族。
他們創立了一門宗教：猶太教。

希臘人發明了哲學、科學，

耶穌出生 500 年前，
世界上最強大的是
波斯帝國。

羅馬人以首都
羅馬為中心，
建立起羅馬帝國。

耶穌基督誕生於巴勒斯坦，
後來在幾個地區宣揚基督精神。
基督教的曆法把他出生那年
當作西元元年。

還有奧林匹克運動會！

此外，他們也在雅典城內開創了
民主制度。

歐洲陸地上住著許多民族。

塞西亞人是遊牧民族，
也是優秀的馬術高手。

薩米人住在歐洲最北部，
接近北極圈那片冰天雪地的地區。
他們也被稱為拉普人。

皮克特人住在今日的蘇格蘭領土。
他們在出征之前
會先在身上彩繪圖騰。

高盧人住在高盧——
這片土地的範圍
從現在的法國延伸到比利時。
他們的祖先是凱爾特人，
來自歐洲中部。

羅馬皇帝哈德良建造了
一座長達 120 公尺，
高達 4 公尺的城牆，
就是為了抵禦他們入侵！

日耳曼人生活在歐洲北部，
經常與羅馬人爭戰，
日後甚至成功攻下羅馬城。

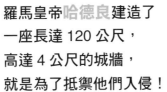

（約 20 & 21 世紀）
現代

（約 19 世紀）
工業革命時期

（約 17 & 18 世紀）
啟蒙時代

（約 16 & 17 世紀）
文藝復興時期

（約 5～15 世紀）
中世紀

（約西元前 7 千年～約 4 世紀）
古文明時代

（約西元前 2 百萬年～約 8 千年）
史前時代

近 2000 年前，龐貝發生慘劇

西元 79 年 8 月 24 日，維蘇威火山爆發，
摧毀了古羅馬義大利的龐貝城。

火山爆發，
噴發出火山灰雲和灼熱的氣體、
岩漿沿著山坡迅速往下蔓延。

火山爆發造成的地震非常劇烈，
導致了海嘯發生。

這是一
劇場

這些女人
到水池取水。

高盧人的村莊

德洛依教的祭司
到這座山丘來
祈求他們的神明。

2000 多年以前，根據凱撒的敘述，
高盧人已在塞納河的一座島上建造了村莊。
這些高盧人叫做巴黎希人，而他們的村子就變成了 —— 巴黎！

高盧人
利用小船
捕捉塞納河裡的魚。

高盧人用城牆
圍住邦城，
並加上樹幹鞏固。

對高盧人來說，
塞納河不僅是一條河，
也是塞納女神的化身，
他們非常崇拜祂。

28

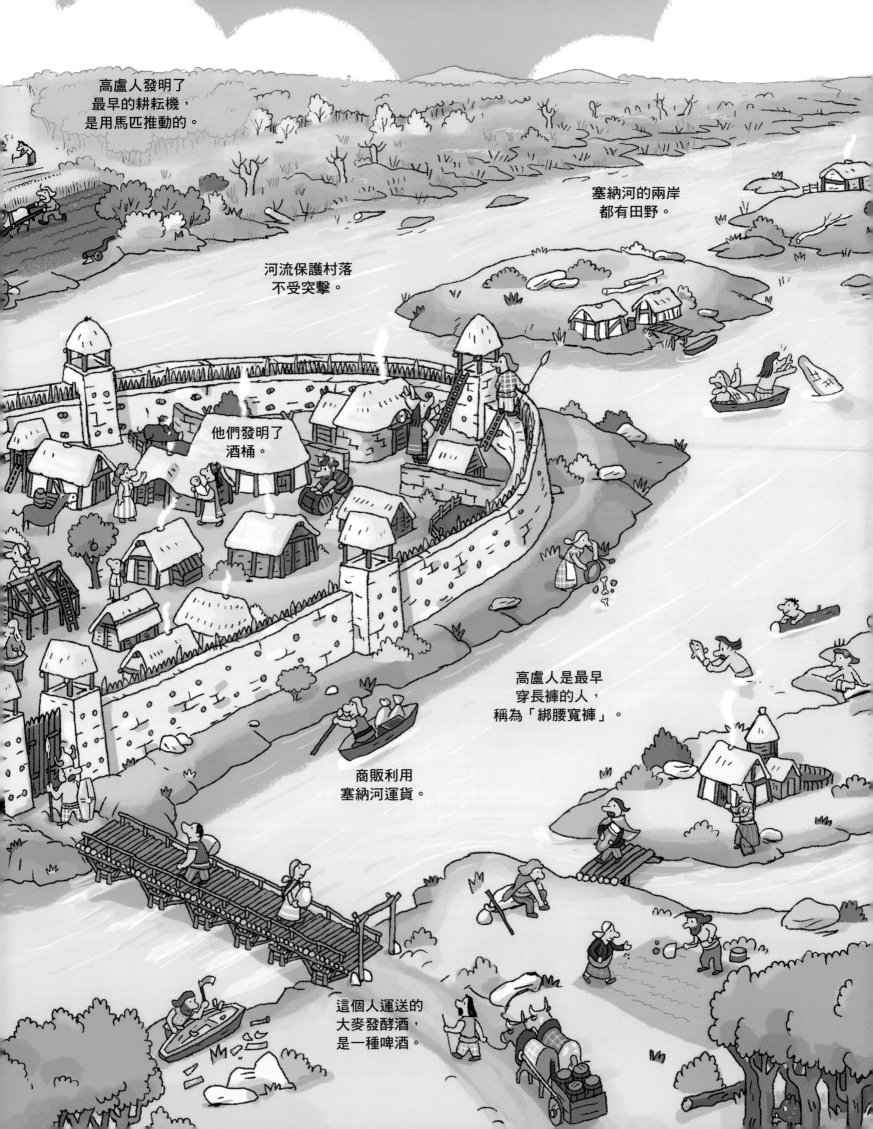

在非洲，
人類建立了盛大的文明。

埃及的法老王命人建造
遼闊的宮殿和巨大的陵墓，
我們稱為金字塔。

埃及人在尼羅河畔
建立了城市和村落。
尼羅河是一條
橫越沙漠的大河。

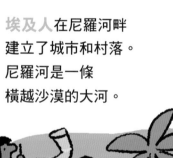

班圖人居住的範圍
漸漸擴大到整個非洲南半部。
他們用鐵製造斧頭和工具。

最早抵達馬達加斯加島的人類
來自亞洲。

腓尼基人創建了
迦太基城邦。

迦太基人漢尼拔頑強對抗羅馬人。
他的軍隊甚至懂得利用大象。
漢尼拔乘坐大象越過了阿爾卑斯山！

亞洲人和美洲人
創建了許多事物。

印度河是亞洲最大的河流之一。
沿河流域建造了好幾座大城市。

城裡的人們製造出
棉布衣裳和陶器。

佛祖在印度出生，
成為一位智者，創立了一種
新的宗教型態：佛教。

在北美洲，阿登納人
用泥土建造了高達 20 公尺的墳墓，
又稱作「土丘」。

在中美洲，奧爾梅克人
雕刻巨大的頭像。
有人認為這些頭像
可能是酋長的臉孔。
奧爾梅克人崇拜美洲豹。

住在印度的人創立了
一支龐大的宗教：印度教。

中國第一位皇帝秦始皇
開始命人建造萬里長城，
抵禦遊牧民族的侵略。

他們相信世界上
有幾千種神明。

（約20＆21世紀）現代

（約19世紀）工業革命時期

（約17＆18世紀）啟蒙時代

（約16＆17世紀）文藝復興時期

（約5～15世紀）中世紀

（約西元前7千年～4世紀）古文明時代

（約西元前2百萬年～前8千年）史前時代

埃及神廟全景

法老王為神明們建造神廟。
每一座神廟都像一座小城市。

內殿是岩石
鑿出的暗室,
藏在神廟最深的地方,
用來守護神像。

祭司們正在準備
一場祭神儀式。

祭司們把貴重的財物
收藏在庫房裡——
例如金子、象牙、香料、毛皮,
穀類也儲存在倉庫中。

河水氾濫時的埃及

尼羅河算是世界上最長的河流；
在法老王時代，每年的 7 月到 10 月都會氾濫。
當田野被河水淹沒，農人就改進行捕魚和打獵等活動。

沼澤地裡，
這幾個人正在用魚叉
獵捕河馬。

小心鱷魚！

這幾個孩子
用弓箭和擲棒
追捕野鴨。

這種鳥是
埃及聖䴉。

這幾個男人
用漁網捕魚。

這位製陶師傅
用陶土捏塑甕罐，
用來儲存清水。

這個女人
正在曬魚乾。

他們用一種
叫做紙莎草的植物
建造小船。

過了夏天，尼羅河的水位下降。
從 11 月開始，農人就能回到田裡勞動，
種植小麥和大麥。

這具機器用來汲水，
是一架桔槔。

這些農人
割下蘆竹和紙莎草的莖桿，
用來製作紙張、草鞋、
編成籃子……

尼羅河的河水
為田地鋪上一層
濕軟河泥，
成了肥沃的農地。

這個小女孩
正在菜園澆水，
種出萵苣、大蒜和洋蔥。

這些男人正在鞏固土堤。
這條溝渠將尼羅河水
引入田地裡。

這個小孩
看守牛隻和鵝群。

這些人使用鐮刀
收割小麥。

他們把小麥
運到村子裡。

這個人正在清點
有幾袋穀粒
倒進了穀倉裡。
他是一名記事員。

古文明時代，

人類發明了……

西元前
7000
年

西元前
4500
年

西元前
4000
年

西元前
3500
年

金屬加工

馴養馬匹

製陶轉輪

輪子

人類馴養馬匹，
起初是為了
吃馬肉和喝馬奶。
後來，馬被用來狩獵，
甚至拉戰車、
上戰場。

人類從製陶轉輪上
得到靈感，
發明了車輪。

人類開始熔化
金和銅之類金屬，
製造首飾。

人類捏塑黏土
至少已有
2 萬年的歷史。
但是，轉輪的發明
能讓人們製造出
形狀更規則、
更輕巧的物品。

最早的輪子
是用實木做的，
所以非常重。
必須再等 1000 多年
輪軸發明以後，
才能造出
輕巧的車輪。

（約20＆21世紀）**現代**

（約19世紀）**工業革命時期**

（約17＆18世紀）**啟蒙時代**

（約16＆17世紀）**文藝復興時期**

（約5～15世紀）**中世紀**

（約西元前7千年～4世紀）**古文明時代**

（約西元前2百萬年～前8千年）**史前時代**

西元前 **3200** 年

西元前 **1500** 年

西元前 **550** 年

西元 **105** 年

鐵器

人類學會用鐵製造工具和武器。

紙

中國人發明了紙張和大量製造紙張的方法。

文字

蘇美人發明了文字。他們在黏土板上畫下了形狀像釘子的符號，稱為「楔形文字」。

貨幣

人類發明了貨幣，買賣貨品變得很容易。早期的貨幣是用金或銀做的。

中世紀

幾乎整個地球上
都有人居住，
就連最偏遠的島嶼也不例外。
人類渴望認識遠方的事物，
探險家開始航行四海。

（約20＆21世紀）
現代

（約19世紀）
工業革命時期

（約17＆18世紀）
啟蒙時代

（約16＆17世紀）
文藝復興時期

（約5～15世紀）
中世紀

（約西元前7千年～4世紀）
古文明時代

史前時代

中世紀，

世界上發生了這些事……

歐洲是城堡的時代。

法蘭克國王**查理曼大帝**
在西元 800 年成為
西方世界的皇帝。

領主住在防禦性城堡裡，
擁有城堡周圍的土地。

雖然在田裡辛苦工作，
農民的生活卻很貧苦。

維京人操控龍頭戰艦
在海上橫行，
讓全歐洲聞風喪膽。

教皇是基督徒的領袖，
住在羅馬，命人建造
教堂和主教堂。

英國國王也想成為法國國王。
於是，英國和法國的騎士對打起來，
這就是**英法百年戰爭**。

克里斯多福‧哥倫布
在西元 1492 年發現美洲。
當時他以為艦隊到達印度，
所以把美洲的原住民稱為印第安人。
現在，我們稱他們為
「美洲印第安人」。

中美洲
由阿茲特克人主宰。

阿茲特克人建造
金字塔型廟塔，
用囚犯祭祀他們的太陽神。

南美洲各地
還住著許多其他民族，
例如：瓜拉尼人、
巴塔哥尼亞人……

在南美洲，**印加人**統領
安地斯山區。

阿拉伯人
在地中海南方建立帝國。

當時最偉大的
醫生和天文學家
都是**阿拉伯人**。

那是**十字軍東征**的時代，
基督徒的軍隊稱為十字軍，
出發攻打穆斯林，
征服**耶路撒冷城**。

在阿拉伯，**穆罕默德**
創立了穆斯林的宗教：**伊斯蘭教**。
伊斯蘭教的主要重鎮是麥加。

希臘人的後代
建立了拜占庭帝國。

位於地中海東北邊的
君士坦丁堡
成為拜占庭帝國的
千年首都！

（約20＆21世紀）現代

（約19世紀）工業革命時期

（約17＆18世紀）啟蒙時代

（約16＆17世紀）文藝復興時期

（約5～15世紀）中世紀

（約西元前7千年～4世紀）古文明時代

（約西元前2百萬年～西元前8千年）史前時代

維京人領土的擴張

維京人覺得自己的國土狹小，
於是出海征戰歐洲。
他們天不怕地不怕！

這群維京人
聚集起來，
選出首領。

萊夫・艾瑞克森
是紅鬍子艾瑞克的兒子，
在西元 992 年航行到美洲，
比哥倫布早了 500 年。

單桅商船
是一種用來載運貨品的
大型船隻。

紅鬍子艾瑞克發現了格陵蘭，
這個地名的意思是
「綠色大地」。

「長船」
是一種快船，
用來派遣戰士。
現在，我們稱之為
「龍頭戰艦」。

這艘維京船
從船頭航行或從船尾航行
都一樣順暢。

維京人定居在冰島，
意思是「冰雪的國度」。

他們
正在造船。

維京人留里克
攻占諾夫哥羅德城，
那個地區
後來成為俄羅斯。

索爾吉斯勒
征服愛爾蘭，
建立都柏林
這座城市。

這個維京女人
在燻魚。

維京人奧列格
是留里克的兄弟，
在基輔成為
俄羅斯的沙皇。

維京人首領羅洛
將諾曼第
變成當時最強大的
國家之一。

維京人的蹤跡
遠達拜占庭和西西里島！

城堡攻防戰

攻占一座防禦性城堡的過程非常艱難複雜，
稱為「圍城」，可能僵持好幾個月！

這名士兵用十字弓
射出的箭稱為「方鏃箭」；
方鏃箭可以射穿冑甲！

這架投石器
可擲出巨大的
岩塊。

村民們躲進
護城牆內避難。

只要井裡還有水，
城堡就能抵抗敵軍。

進攻的一方
試圖用這輛衝車
撞破城牆。

衛兵們
拉起了
吊鍊橋。

這座小木屋
防衛城牆頂部，
稱為木廊台。

這名士兵
從攻城台上
進攻。

防守的一方
扔下石頭。

城樓的牆壁
十分厚實，
可以長時間抵擋
投石器擲出的石塊。

進攻的軍隊
沿著長梯
爬上城牆。

進攻的一方
在牆腳下方挖掘地道，
目的在讓城牆崩塌。

弓箭手射出
點了火的箭。

村子裡

公主乘坐
漂亮的馬車出遊。

這個小女孩
帶羊群去斜坡吃草。

孩子們
為扮狗熊的
鼓掌喝采

這個婦人
在賣蛋糕。

布販在
做買賣。

小女孩
從井中汲水
裝滿了
水桶。

他載運
一桶桶的酒
進入城堡。

小
被

鐵匠打鐵
製造物品。

這名士兵
是市集的警察，
負責維持秩序。

所有人都到市集來買賣東西，
順便輕鬆一下！

城堡中

木匠們在修理塔樓的屋頂。

領主夫人在編織地毯。

僕人們在腳架上架設桌板，鋪設晚餐的餐桌。

廚師正在準備餐點。

這座窯爐用來烤麵包。

這名兵的小便掉進壕。

這名士兵正在把劍擦亮。

這個人正在清理把河水引到護城壕溝裡的渠道。

這名騎士使用刺槍靶來鍛鍊打鬥技巧。

城堡裡住著領主一家人。

西元 1350 年，今天是村子的市集日，
快來認識村裡的每一位居民吧⋯⋯

鄉野郊外

修士在修道院裡
工作和禱告。

這名修士負責照料
修道院的菜園。

磨坊主人
利用風車
把小麥磨成麵粉。

農人把一袋袋小麥
運送到磨坊。

這些農人
砍倒樹木，
擴大田地範圍。
這叫作「開墾」。

孩子們沿路
採集桑椹。

這名農夫
在田裡用牛拉犁具
來耕作。

收割者們用
鐮刀和長柄鐮刀
割下麥穗。

這個小孩
好想嚐嚐
蜂巢裡的
蜂蜜喔！

村子裡的人口愈來愈多，
必須擴張田地，增加收成才行！

他用麥桿
修理屋頂，
稱為「茅草屋頂」。

在這裡，
她用一隻雞
交換蔬菜。

這個人
拋梨子耍雜技，
觀眾看得笑呵呵！

中世紀，
世界上還發生了這些事……

中國已經是一個龐大的帝國。

皇帝的宮殿
稱為**禁城**。

與所有亞洲人一樣，
中國人也耕種稻米。

中國人必須抵抗
成吉思汗的進攻。
這位蒙古領袖征服了整個中亞。

中國人開始
與歐洲人
進行**貿易**。

鄭和是一位偉大的
中國航海家。
他帶領艦隊探險印度洋，
最遠抵達非洲。

馬可波羅從威尼斯出發，
前往中國。
歷經 16 年的旅行後，
他回到歐洲，
描述了當時中國人的生活。

他們在**澳門**的港口
接待歐洲船隻。

中國的船隻
稱為**中式帆船**。

亞洲住著許多民族。

日本已進入
戰國時代，
他們的戰士
稱為**武士**。

高棉人
在吳哥窟地區
建立了
高棉帝國。

泰國人建立了
阿育塔亞王國。

印尼的島嶼上
各有小王國盤據，
由當地君王統治。

爪哇島上的**婆羅浮屠**
是世界上最大的佛寺。

在澳洲，
土著以狩獵和採集為生。
他們在岩壁上繪製
非常美麗的圖畫，
述說夢幻時期的神奇故事。

在印度，
印度教徒建造了
坦賈武爾的神廟，
供奉濕婆神。

非洲遍布往來商旅。

圖瓦雷克人
用駱駝載運貨品，
橫渡撒哈拉沙漠。

曼薩・穆薩統治馬利帝國，
首都在廷巴克圖。

阿拉伯商人
到非洲來找商品和奴隸。

恩金格・恩庫武
是剛果的第一任國王。

辛巴威是
非洲南部的集散大城，
甚至能找到
來自中國的商品！

（約20＆21世紀）現代

（約19世紀）工業革命時期

（約17＆18世紀）啟蒙時代

（約16＆17世紀）文藝復興時期

（約5～15世紀）中世紀

（約西元前7千年～約4世紀）古文明時代

（約西元前2百萬年～約8千年）史前時代

中世紀，

人類發明了……

西元 600 年

西元 980 年

西元 1000 年

船閘

中國人發明了
最早的船閘，
即使水位高低落差大，
也能讓船隻
在運河上航行。

風車磨坊

最早的風車磨坊
是波斯人發明的：
利用風力推動旋轉汲水，
灌溉田野。
後來，磨坊被用來磨碾穀粒，
製造麵粉。

羅盤和舵

中國人發明了羅盤：
讓一根磁針浮在水上，
針永遠會指向北方。
中國人還發明了舵，
能有效操控船隻。

印刷術

印刷術發明後，
就能快速大量複製紙頁，
將一本書印成好幾千冊。
在那以前，
每一本書都必須用手抄寫！
西元 1045 年左右，
中國人畢昇想到
用黏土做出活字模。
他用字模排出句子，
然後塗上墨汁，
鋪上紙張印出字。

**西元
1045
年**

西元 1450 年，
約翰尼斯 ‧ 古騰堡
（Johannes Gutenberg）
改良了這個系統，
將印刷術引入歐洲。
他發明了壓印機。
用這具機器，
每一張紙都可以
貼緊沾上墨汁的字模。

**西元
1100
年**

頸軛

農人發明了
這種套在馬匹肩頸部位的軛，
不再像以前那樣
圈緊牠的脖子。

這麼一來，
馬在拉車或拉犁具的時候
就不會被勒住，
可以使出更大的力氣。

**西元
1300
年**

大砲

發明了火藥之後，
中國人建造出最早的青銅大砲。
經由蒙古人，
穆斯林和歐洲人
也認識了這項新武器。

（約20＆21世紀）
現代

（約19世紀）
工業革命時期

（約17＆18世紀）
啟蒙時代

（約16＆17世紀）
文藝復興時期

（約5～15世紀）
中世紀

（約西元前7千年～4世紀）
古文明時代

（約西元前2百萬年～1萬2千年）
史前時代

文藝復興時期

這個時期的人類
已經可以遠離家園，
去世界的另一個盡頭
尋找財富寶藏：
珍貴的布料、香料、
象牙或黃金……

54

（約20＆21世紀）　現代

（約19世紀）　工業革命時期

（約17＆18世紀）　啟蒙時代

（約16＆17世紀）　文藝復興時期

（約5～15世紀）　中世紀

（約西元前7千年～4世紀）　古文明時代

（西元前2萬年前～西元7千年）　史前時代

文藝復興時期，

世界上發生了這些事……

這個時期被稱為文藝復興，
因為歐洲起了很大的變化！

義大利的**畫家**和**雕塑家**
發現古文明時代藝術的奧妙，
從中得到許多靈感。

許多思想家開始
對人類被賦予理性的
神奇造物產生興趣。
他們想要透過
科學和教育
來改善
人類的生活。
他們是**人道主義者**。

黑死病席捲整個歐洲。
醫生們戴著面罩，
以免被病人傳染。

神聖羅馬帝國皇帝**查理五世**
統治歐洲中部、西班牙
和美洲的一部分。

英國女王伊麗莎白一世
命人建造船艦。
不久後，她的國家
變得比西班牙還強大。

俄國沙皇**恐怖伊凡**
把農民當成奴隸。

當時世界上
最大的城市是**安特衛普**，
那裡舉辦非常盛大的市集。
這座城市位於現在的比利時。

德國修士**馬丁路德**
與天主教的教皇意見相左。
他開創了一門新型態的基督教：
新教。

歐洲各宗教之間起了劇烈的衝突。

羅馬建造了**聖彼得大教堂**。

天主教和新教互相爭鬥，
形成**宗教戰爭**。

非洲分裂成許多王國。

桑海帝國和馬利帝國
主掌非洲西部尼日河流域。

在非洲南部，
莫諾莫塔帕帝國的戰士
和想掌控那個區域的
葡萄牙人作戰。

從土耳其來的**鄂圖曼人**
征服了非洲北部
從埃及到阿爾及利亞的部分。

但**艾哈邁德·曼蘇爾蘇丹**
阻擋了他們，並成為摩洛哥的君王。

在非洲中部，
伊德里斯三世阿勞馬
是加涅姆·博諾王國
的國王。

（約20＆21世紀）
現代

（約19世紀）
工業革命時期

（約17＆18世紀）
啟蒙時代

（約16＆17世紀）
文藝復興時期

（約5～15世紀）
中世紀

（約西元前7千年～4世紀）
古文明時代

（約西元前2百萬年～前8千年）
史前時代

文藝復興時期，
世界上還發生了這些事……

**美洲印第安人
遍布整個美洲。**

納瓦霍族生活在沙漠地區。

柯爾特斯屠殺阿茲特克族，
皮薩羅攻擊印加人。

阿留申族和因紐特族
住在北極附近。

易洛魁族
住在森林裡。

法國人
雅克·卡蒂亞
航行探險加拿大的
聖勞倫斯河。

蘇族
在平原生活。

西班牙的**征服者**
前往中南美洲尋找黃金，
對原住民施行恐怖政策。

葡萄牙人**麥哲倫**
航海繞過南美洲，
抵達太平洋。

他的艦隊後來完成
最早的環遊世界之旅。

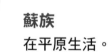

鄂圖曼人建立了帝國；
亞洲另有好幾個大國。

鄂圖曼人在今日的
土耳其領土上建立了帝國，
擴張到亞洲、
北非甚至歐洲。
這個帝國後來維持了 600 年！

瓦斯科·達伽馬
是第一位航海抵達印度的歐洲人。

蒙兀兒的**阿克巴大帝**
創立了印度的帝國，
版圖面積跟歐洲一樣遼闊。

在**日本**，
有錢的幕府動用武力，
互相爭鬥了 130 年，
搶奪領土和更高的權勢。
這是日本的內戰時期。

蘇里曼大帝是
鄂圖曼蘇丹中最強大的一位。
法國國王**法蘭索瓦一世**與他結盟，
對抗神聖羅馬帝國皇帝查理五世。

伊朗國王阿拔斯一世
與歐洲進行絲綢貿易，
並發展藝術。

（約 20 & 21 世紀）
現代

（約 19 世紀）
工業革命時期

（約 17 & 18 世紀）
啟蒙時代

（約 16 & 17 世紀）
文藝復興時期

（約 5～15 世紀）
中世紀

（約西元前 7 千年～4 世紀）
古文明時代

（約西元前 2 百萬年～前 8 千年）
史前時代

16 世紀的城市

500 年前，城市開始擴張……

這名挑水夫從河裡取水，販賣給城裡的居民。

有錢人一年洗一到兩次澡！

這座木骨架屋用木樑支撐磚牆或灰泥土牆。

這家鄉下人來到城裡來找工作機會。

這位思想家寫了一本關於人類情感的書，描寫愛情、喜悅、悲傷……在當時，這是非常新穎的手法！

當時還沒有下水道，汙水直接流在街道上。

城市裡蝨子、跳蚤、蟑螂、老鼠橫行……

人們在房間裡的
夜壺大小便，
然後從窗口潑倒出去！

幾名學生從大學走出來。
他們研讀數學、拉丁文和希臘文……

有錢人命人
用切割整齊的石塊
建造房屋。

批發商正在談生意。
他借錢給別人，
跟遠方的國家做買賣……

屋子裡沒有自來水，
人們必須到井邊汲水。

這位畫家
正在為一名貴婦
畫肖像。

印刷廠工人
正在印書。

文藝復興時期，

人類發明了……

蒙娜麗莎的微笑

李奧納多・達文西
（Leonardo da Vinci）
完成了蒙娜麗莎的畫像。

他是當時最偉大的藝術家，
不但是畫家、雕刻家，
也是工程師、科學家……
許多藝術家用嶄新的方式
來表現人類，
例如拉斐爾、米開朗基羅、
克魯埃、布勒哲爾、杜勒……

日心說

尼古拉・哥白尼
（Nicolas Copernicus）
證明地球繞著太陽轉，
而非當時的人們所以為的
太陽繞著地球轉。
在他之前，
希臘和阿拉伯的天文學家們
早已有這種概念，
但他是第一位做出
如此有力推演的人。
在他發表這項理論之後，
人們必須接受地球
並非世界中心的想法。

外科手術

法國人
安布魯瓦茲・帕雷（Ambroise Pare）
清楚說明如何替傷患動手術。
他發明了現代外科技術。

他一面照料戰場上的傷兵，
一面思考出拯救性命
和減輕痛苦的方法。

（約20&21世紀）**現代**

（約19世紀）**工業革命時期**

（約17&18世紀）**啟蒙時代**

（約16&17世紀）**文藝復興時期**

（約5～15世紀）**中世紀**

（約西元前7千年～4世紀）**古文明時代**

（約西元前2百萬年～約8千年）**史前時代**

西元 1569 年

地圖繪製學

傑拉杜斯·麥卡托
（Gerardus Mercator）
是一位數學家和地理學家，
來自西班牙帝國統治下的荷蘭，
也就是今日的比利時。
他發明了一種新的製圖方法。
既然地球是圓的，
那麼要如何畫出平坦的陸塊呢？
那真不是件容易的事。
多虧了他，
水手得以輕易找出航行路線。

西元 1573 年

番茄

西班牙人從南美洲
帶回一種歐洲人沒見過的水果：
番茄！

不過，人們起初以為番茄不好吃，
把它當成一種藥。
西班牙人航海帶回歐洲的
還有玉米、南瓜、甜椒……

西元 1595 年

顯微鏡

顯微鏡究竟是誰發明的已不可考，
可能是荷蘭人
查哈里亞斯·楊森
（Zacharias Janssen），
也可能是義大利人
伽利略（Galileo Galilei）。
有了顯微鏡之後，
小到肉眼無法看見的東西
也看得見了，
細胞、細菌……
科學家們從此
發現了微觀的世界。

啟蒙時代

憑著科學上的發現，
人類發明了新型機器。
好幾位偉大的旅行家
前往地球各角落探險，
不僅為了商業貿易，
也為了更了解自己的星球。

（約20＆21世紀）
現代

（19世紀）
工業革命時期

（約17＆18世紀）
啟蒙時代

（約16＆17世紀）
文藝復興時期

（約5～15世紀）
中世紀

（約西元前7千年～4世紀）
古文明時代

（約西元前250萬年～農業之前）
史前時代

在啟蒙時代，
世界上發生了這些事……

17 世紀和 **18 世紀的歐洲**
是偉大君主的時代。

法國國王**路易十四**自稱太陽王。
他執政長達 72 年！
是他命人建造了
富麗堂皇的凡爾賽宮。

哲學家
思考、著書、
闡揚人人都有幸福的權利，
人人都應該享有同等的權利。
這些哲人中有伏爾泰、盧梭、
孟德斯鳩、狄德羅、休謨、康德……

貴族非常富有，坐擁所有土地。

彼得大帝先是沙皇，
後來成為俄羅斯皇帝。
他使國家進入現代化，
建造了新的首都，
取名為聖彼得堡。

工人和農人為了討生活辛苦工作。
他們非常貧窮。

哲學家們的思想
後來啟發了
1789 年的**法國大革命**──
革命黨人把國王**路易十六**
送上斷頭台，
法蘭西成為共和國，
必須以更公平正義的態度對待人民。

歐洲各國的**偉大君主**不斷互相宣戰，
造成成千上萬的士兵死亡。

歐洲在世界展開殖民。

他們建造**大型船艦**，
到遠方尋找原料、拓展貿易
或進行科學性質的探險。

在他們之中，
投資者和商人遠赴美洲、
非洲和亞洲定居下來。
這些人稱為**殖民者**。
他們種植**甘蔗、茶葉、
咖啡、可可亞……**
然後賣回歐洲，從中獲取財富。

殖民者有**軍隊**支援，
強迫當地居民
為他們工作。

拒絕服從的人遭到殺害。
部分殖民地的居民試圖防衛自己……

……但是面對歐洲的火槍和大砲，
他們無能為力。

進駐美洲的歐洲人需要更多人手
為他們的**種植事業**工作。

於是他們前往非洲，
跟人口販子買下男人和女人。

然後，強行把他們帶到美洲，
逼他們從事種植工作。

可以這麼說——
這些工人等於**奴隸**。

（約20 & 21世紀）
現代

（19世紀）
工業革命時期

（約17 & 18世紀）
啟蒙時代

（約16 & 17世紀）
文藝復興時期

（約5～15世紀）
中世紀

（約西元前7千年～4世紀）
古文明時代

（約西元前2百萬年～西元前7千年）
史前時代

在啟蒙時代，

世界上還發生了這些事⋯⋯

中國皇帝統治著亞洲
最強大的國家。

皇帝強制**西藏**居民
服從他。

幾個世紀以來，
蒙古騎兵橫行掠奪亞洲各國，
但終於被中國人和俄羅斯人打敗。

亞洲發展出
各種大異其趣的文明。

蒙兀兒皇帝沙賈汗命人
為他的妻子建造了**泰姬瑪哈陵**。

澳洲原住民面臨
歐洲探險家們靠岸登陸，
例如英國航海家**詹姆士·庫克**。

亞洲島嶼上住著各式各樣的部族：
**達雅族、巴布亞人、
毛利人**等等。

日本當時的掌權者叫**德川將軍**。
德川幕府鎖國，
斷絕**日本**與外界的聯繫。
外國人再也不准進入日本，
日本人也不准出國。

中東由一個帝國統治。

波斯（即今日的伊朗）
是一個大帝國，
他們的首領稱為「沙王」。

美國獨立。

美國的殖民者們
不想再被英國管控，
創立了自己的國家：
美利堅合眾國。

第一任美國總統是
喬治·華盛頓。

在非洲，
許多小王國誕生。

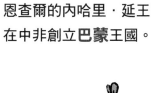

達荷美王國
因販賣奴隸而致富。

恩查爾的內哈里·延王
在中非創立**巴蒙王國。**

在西非，卡拉摩科·阿爾法
創建了**富塔賈隆**這個穆斯林國家。

穆萊·拉希德統一了**摩洛哥，**
在西元 1666 年成為蘇丹。
他的族人到今天仍掌權在位，
延續阿拉維王朝。

（約20＆21世紀）**現代**

（約19世紀）**工業革命時期**

（約17＆18世紀）**啟蒙時代**

（約16＆17世紀）**文藝復興時期**

（約5～15世紀）**中世紀**

（約西元前7千年～4世紀）**古文明時代**

（約西元前2百萬年～前8千年）**史前時代**

17 世紀的巴黎街頭

巴黎人們去泉邊取水，
因為屋子裡沒有自來水。

挑水工人

巴黎聖母主教座堂

負責徵兵的中士
找人從軍上戰場。

賣牛奶的婦人
叫賣牛奶。

西堤島是巴黎的心臟。

快出發去一探究竟……

在十七世紀，詩人拉封丹的時代，
巴黎是法蘭西王國的首都。

巴黎城的衛兵隊
是當時的警察。

賣公牛和母牛
的販子。

賣雞蛋的
婦人

他是一個
捕鼠人。

劊子手正在為
一名死刑犯的行刑
做準備。

乞丐跟人要錢。

這名貴族女子
非常富有。

街頭歌者

賣縫紉用具
的婦人

賣麵包
的婦人

這裡是格列夫廣場，後來稱為市政廳廣場。

搶奪他人財物的土匪，他是一個攔路扛劫的強盜。

他點亮街燈，照亮街道。

商務官控管貨物。

打橋牌的人

這種兩輪車叫人力車！

詩人拉封丹

從塞納河可運來巴黎人需要的貨物。

啟蒙時代，
人類發明了……

西元 1609 年

天文望遠鏡

義大利學者伽利略
（Galileo Galilei）
是第一位用天文望遠鏡
觀察到星體的人。

他發現月球上的
山脈和木星的衛星，
並捍衛「地球繞日說」
的觀念。

西元 1681 年

蒸汽機

丹尼斯・巴本
（Denis Papin）
構想出第一台蒸汽機。
有了蒸汽機之後，
人類才能建造出
水力幫浦，
驅動輪船和火車前進。
100 年後，
英國人詹姆斯・瓦特
讓蒸汽機發揮出
非常大的效用……

西元 1687 年

萬有引力

英國人艾薩克・牛頓
（Isaac Newton）
從伽利略的研究中
得到靈感，
說明星球之間的運動
是透過萬有引力定律
進行。

西元 1730 年

六分儀

有了六分儀之後，
遠洋航行的水手們
才能知道
茫茫大海中的自己
身在何方，
航海變得比較安全。
在這一年，
一位英國人和一位美國人
分別發明出
各自的六分儀。

（約20＆21世紀）**現代**

（19世紀）**工業革命時期**

（約17＆18世紀）**啟蒙時代**

（約16＆17世紀）**文藝復興時期**

（約5～15世紀）**中世紀**

（約西元前7千年～4世紀）**古文明時代**

（約西元前2百萬年～前8千年）**史前時代**

西元 1756 年

莫札特

莫札特
（Wolfgang Amadeus Mozart）
在這一年出生，
他跨越時代，
是世界上最著名的
音樂家。

人們說他是一位天才。
在他 5 歲的時候，
他的父親教他彈大鍵琴。
6 歲時，
他作出生平第一首曲子，
而他一生中
寫了 600 多首樂曲！

西元 1770 年

蒸汽車

法國人庫紐
（Nicholas Cugnot）
製造出最早的汽車：
那是一輛拖板車，
用蒸汽驅動。
那古怪的車輛既沒有
方向盤也沒有剎車！
必須等到
汽油引擎發明後，
才研發出自動汽車。

西元 1783 年

熱氣球

史上第一次，
人類搭乘熱氣球飛行。
這是法國人
孟格菲（Montgolfier）兄弟
的發明。

西元 1789 年

人權與公民權宣言

這篇文字的起草人們
後來發動了法國大革命。
文中宣示，
「人人皆生而自由平等」。
憑著這份人權宣言，
許許多多的人民
從統治者手中爭取到
更多自由與正義。

工業革命時期

人類建造工廠，
工業開始發展。
在這個時期，
非洲和亞洲的許多地區
都被歐洲人統治。

（約20＆21世紀）現代

工業革命時期

（約19世紀）

（約17＆18世紀）啟蒙時代

（約16＆17世紀）文藝復興時期

（約5～15世紀）中世紀

（約西元前7千年～4世紀）古文明時代

（約西元前2百萬年～前8千年）史前時代

在歐洲，
工業改變了人們的生活。

礦坑裡，礦工們努力挖掘，
尋找煤礦和鐵礦。

有錢的人興建工廠，
安裝滿滿的機器，
雇用數以千計的工人來操作。

拿破崙成為皇帝，在歐洲展開遠征。
但他的軍隊最終戰敗，
而他則在聖赫倫那島去世。

許多鄉下人離開村莊，
到城裡當工人，稱為「離鄉潮」。

工人燃燒煤炭，把鐵熔化之後，
鑄成想要的形狀，
用這種方式製造出非常堅固的機器。

擁有工廠的人變得非常**富有**。
工人和農人辛苦工作，
就連孩童也不例外！
但是他們還是非常**貧窮**。

工業革命最早從英國開始，
在**維多利亞女王**的統領下，
是當時世界上最強盛的國家。

人類認為
科技進步能帶來幸福。

（約20&21世紀）現代

（約19世紀）工業革命時期

（約17&18世紀）啟蒙時代

（約16&17世紀）文藝復興時期

（約5~15世紀）中世紀

（約西元前7千年~4世紀）古文明時代

（約西元前2百萬年~前8千年）史前時代

路易‧巴斯德發現疾病是細菌這種由肉眼看不見的小生物造成的。

利用鐵、風帆或蒸汽，歐洲人建造了**蒸汽船**，從殖民地帶回許多原料。

人類在地底發現了**石油**，從此學會生產汽油……

他想到用加熱食物的方式來殺死細菌，發明了巴斯德滅菌法消毒牛奶，增加保存時間。他還發明了對抗狂犬病的**疫苗**。

蒸汽火車迅速載運大量貨物。

不久之後，汽油引擎取代蒸汽引擎，得以建造更強大有力也更便利的機器，這是**自動汽車**的真正發端……

克雷芒‧阿德爾駕駛**第一架引擎飛機風神號**在離地幾公分的高度，成功飛行了一小段距離。

人類獵捕愈來愈多**鯨魚**——鯨魚油當成燃料可用於照明和驅動機器。

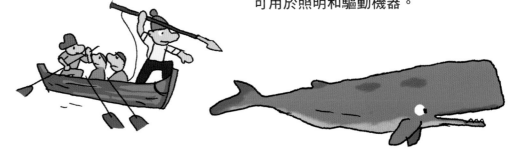

工業城市

煉鐵的高爐裡
燃燒著煤。

礦渣堆成的小山，
也就是廢土堆。

這個人離開農村，
來到城裡工作。

工人們
排隊領工資。

工廠老闆
愈來愈富有。

在這座廠房裡，女工和童工製造布料，
每天工作 10 個小時！

農耕者使用
蒸汽耕耘機收割。

拜煤礦所賜，
人類製造出動力強大的蒸汽機。
工廠林立，成千上萬的工人辛苦工作！

蒸汽火車頭取代了馬匹，
載運更多貨物，而且速度更快！

為了讓工人的家庭有地方居住，
人們建築緊緊相鄰的小房屋。

工人很窮，
生活艱苦。

機器發出
嘈雜的聲響。

就連孩童也進礦坑工作，
他們可以輕易鑽過
狹窄的坑道。

19 世紀的交通運輸

100 多年前，汽車很稀有。
但是在大城市裡，街道上已經是車水馬龍了呢！

為了運送貨物，
商販經常使用
人力拉車。

公車用馬匹來拉，
稱為公共馬車。

街道用
方型石塊鋪蓋，
稱為石板路。

行人穿越街道時
必須提高警覺，
那時候可沒有紅綠燈！

工業革命時期，

世界上還發生了這些事……

歐洲的貧窮家庭
到美國追求較好的生活。

新移民駕著蓬車出發，
前往西部尋找土地耕種。

美國征服西部。

牛仔看守大批牛群。

但長久以來，美洲大陸上住著
簡稱為印第安人的美洲印第安人。
印第安人試圖守護他們的獵場，
卻遭白人屠殺。

西元 1865 年，
美國立法禁止奴隸制度，
黑奴獲得了自由。
但為了生活餬口，
他們仍繼續辛苦工作。

在紐約，法國人巴特勒迪和艾菲爾
建造了自由女神像。

他們被稱為拓荒者。

非洲人面臨歐洲探險家的到來。

殖民者對非洲大陸
蘊藏的財富很感興趣，
例如水果、木材、礦產……

商博良解讀出
古埃及的象形文字。

幾乎到處的非洲人都起而
反抗歐洲殖民者。

歐洲人挖鑿蘇伊士運河，
他們的船隻直接經過地中海
進入印度洋，不須繞過非洲大陸。

部分歐洲人移居非洲，
開闢農莊。

在阿爾及利亞，
阿卜杜·卡迪爾對抗法國人，
而祖魯族則對荷蘭人開戰……

歐洲人也進駐亞洲。

在印度，英國人趕走
最後一位蒙兀兒皇帝，
掌控了整個國家。

英國人把囚犯帶到澳洲，
命令他們殖民
澳洲大陸。

紐西蘭的毛利人
試圖驅趕
進駐他們領土的歐洲人，
但歐洲人有槍，
比他們厲害。

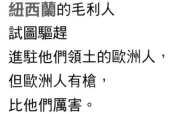

中國爆發內戰，
因為部分中國人願意接納歐洲人，
另一部分的人
則想把他們統統丟入海裡。

試圖反抗殖民者的
澳洲原住民都被追捕殺害。

現代
（約20＆21世紀）

工業革命時期
（約19世紀）

啟蒙時代
（約17＆18世紀）

文藝復興時期
（約16＆17世紀）

中世紀
（約5～15世紀）

古文明時代
（約西元前7千年～4世紀）

史前時代
（約西元前2百萬年～約8千年）

工業革命時期

人類發明了……

西元 1800 年

潛水艇

最早的潛水艇之一，
「鸚鵡螺號」是
羅伯特·富爾頓
（Robert Fulton）
設計建造出來的。

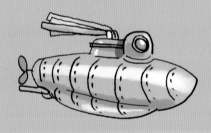

70 年後，
儒勒·凡爾納（Jules Verne）
借用了這艘艦艇的名字，
寫進《海底兩萬哩》
這部小說裡……

西元 1816 年

攝影術

尼塞福爾·涅普斯
（Nicephore Dieudonne Soglo）
發明了攝影術。
史上第一張照片
呈現的是一張桌子，
第二張是一幅
從窗戶望出去的風景。

西元 1825 年

火車

第一輛蒸汽火車頭
製造於 1804 年。

而在 1825 年的英國，
第一輛載客火車出發了！
以每小時 20 公里的速度
全力衝刺！

西元 1859 年

進化論

查爾斯·達爾文
（Charles Darwin）
發表了進化論。

他領悟到——
存活在世界上的物種會
隨時間變化，
稱為演進。
他聲稱人類是
猿猴的表親！
一開始，
可不是所有人
都喜歡這種說法……

現代	（約20＆21世紀）	
工業革命時期	（約19世紀）	
啟蒙時代	（約17＆18世紀）	
文藝復興時期	（約16＆17世紀）	
中世紀	（約5～15世紀）	
古文明時代	（約西元前7千年～4世紀）	
史前時代	（約西元前2百萬年～前8千年）	

西元 1872 年

電燈泡

英國人約瑟夫·斯萬
（Joseph W. Swan）
發明了電燈泡，
取代了油燈。
1879 年，
美國人湯瑪斯·愛迪生
（Thomas Edison）
發明了一種
可在工廠裡大量製造
燈泡的方法。

西元 1876 年

電話

電話使遠距離通話
成為可能——
它把聲音轉換成
電子訊號，
傳送到遠方。
好幾位發明家
都做出了電話，
但其中最有名的是英國人
亞歷山大·格拉罕·貝爾
（Alexander Graham Bell）。

西元 1886 年

汽油汽車

卡爾·賓士（Karl Benz）
製造出第一輛
配備汽油引擎的車。
這輛車只有 3 個輪子！
不過，很快地，
工程師們就打造出
裝有橡膠輪胎的
四輪汽車……

西元 1895 年

電影

第一次公開放映電影的是
盧米埃（Lumiere）兄弟。
他們的第一部影片
呈現的是
工人和女工們下班
走出一座工廠
的情景。

20 & 21 世紀

人類在地球各處旅行，
十分輕易而且快速。
許多人離鄉背井，
到遙遠的地方生活。
有些國家非常富裕，
但有些國家仍然非常貧窮……

（約20＆21世紀）**現代**

（約19世紀）**工業革命時期**

（約17＆18世紀）**啟蒙時代**

（約16＆17世紀）**文藝復興時期**

（約5～15世紀）**中世紀**

（約西元前7千年～4世紀）**古文明時代**

（約西元前2百萬～約7千年）**史前時代**

20 世紀，
世界上發生了這些事……

整個地球上處處發生
民族與民族之間的對抗……

兩次世界大戰
造成幾百萬人死亡。

第一次世界大戰發生於
1914 ～ 1918 年間；
士兵們在壕溝內作戰。

引發 1939 ～ 1945 年間大戰的是
德國首領阿道夫‧希特勒，
他想統治整個歐洲。

希特勒是一名納粹——
他認為人類分別屬於不同種族，
而德國人比其他人種都優越。

納粹企圖殺掉所有
被他們評斷為低等的人種，
例如猶太人。

戴高樂將軍
組織反抗力量對抗
占領法國的德國人。

為了結束戰爭，
美軍在日本
投下兩顆原子彈。

然後，有兩大陣營形成
互相對峙的局面。
一邊是美國和西歐，
另一邊則是俄國與中國。

在列寧的領導下，
俄國人在 1917 年發動革命，
整合俄羅斯和東歐各國，
創造出世界上面積最大的國家：
蘇聯。

1949 年，中國人
也在毛澤東的策動下發生革命。
中華人民共和國是世界上人口最多
的國家。

兩大陣營都企圖主導世界，
強行推動各自堅持的生活模式；
一邊是資本主義，
另一邊則是共產主義。

美國和俄國並未直接派兵作戰，
但在兩國的友邦境內引發許多衝突。
這就是所謂的「冷戰」。

在非洲和亞洲，
殖民地的人民
也發動戰爭，爭取獨立。
歐洲和美國的殖民者
不得不返回自己的國家。

不過，人們也努力維護和平。

人們建立了聯合國，
強迫敵對雙方討論談判，
避免互相開戰……

美國和蘇俄最後終於
拆解了許多核子武器。

1989 年，柏林圍牆倒塌——
德國人民摧毀了
這道將柏林市一分為二的高牆。
冷戰就此結束。

部分國家試圖阻止其他國家
製造核子武器。

漸漸地，歐洲國家團結起來，
學習更好的相處之道——
成立了歐盟。

（約20＆21世紀）現代

（約19世紀）工業革命時期

（約17＆18世紀）啟蒙時代

（約16＆17世紀）文藝復興時期

（約5～15世紀）中世紀

（約西元前7千年～4世紀）古文明時代

（約西元前2百萬年～前8千年）史前時代

20 世紀，
世界上還發生了這些事……

無論在哪種領域，
人類的進步愈來愈快速！

為了瞭解世界是怎麼運作的，
科學家們研究原子和構成物質的
那些肉眼看不見的微小粒子。

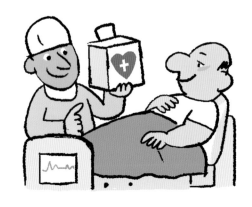

西元 1967 年，
南非的巴納德醫生完成了
史上第一次心臟移植手術。
多虧了另一個人的心臟，
他的病患活了下來！

1974 年，法國人羅蘭‧莫瑞諾發明
出用途廣泛的 IC 卡，
從付帳到搭乘公車都能使用！

1995 年，世界各處都可以使用
GPS 全球衛星定位系統。
配備這套系統，就連在汪洋大海中，
我們都可以知道自己身在何處！

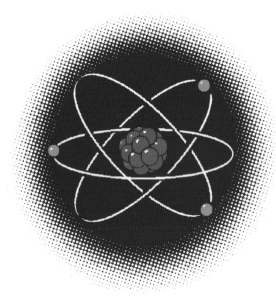

1953 年，美國人華生和克里克發現
了 DNA（去氧核醣核酸）的構造。
這種分子能讓生物傳承生命。
兩人的發現後來對醫學幫助很大。

電子學也在 20 世紀誕生。

人類爭取更多自由！

從史前時代以來，
女性一直被迫服從男性。
但在 20 世紀，
女人以行動抗爭，爭取更多權利。
而世界上大部分的國家
也終於賦予她們投票權。

從奴隸時代開始，
在美國某些州或南非，
黑人和白人就分開生活，
所享有的權利也不一樣……

在 1960 年代，美國終於讓黑人
享有和白人相同的權利；
而在南非，1991 年，
種族隔離政策終於畫下句點。

環遊世界只要幾小時……

電話和網際網路出現後，
人們可和世界另一端的人通話。

從電視中，
人人都可以看見
地球另一邊的
即時影像。

人類愈來愈經常旅行，
彼此融合；
大家的生活方式愈來愈相近，
聚集在大同小異的城市裡。
所有國家之間互有貿易往來；
這就是所謂的「全球化」。

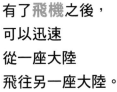

有了飛機之後，
可以迅速
從一座大陸
飛往另一座大陸。

（約20＆21世紀）現代

（約19世紀）工業革命時期

（約17＆18世紀）啟蒙時代

（約16＆17世紀）文藝復興時期

（約5～15世紀）中世紀

（約西元前7千年～4世紀）古文明時代

（約西元前2百萬年～前8千年）史前時代

國際太空站的風景

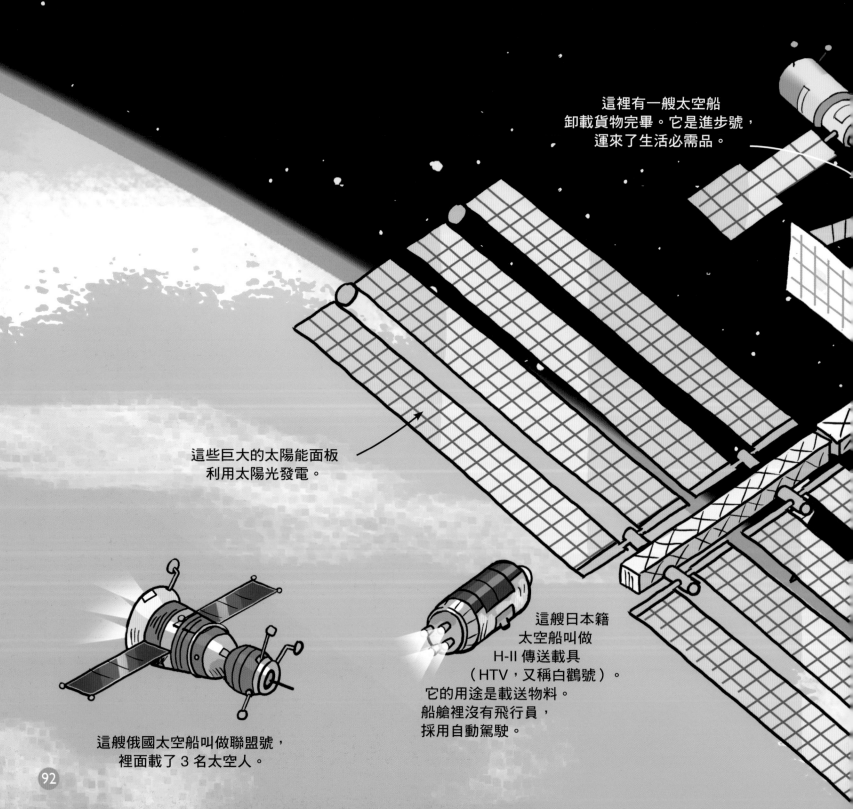

這座太空站由好幾個國家參與建造。
太空船可將太空人和物料運送到太空站。

太空站位於
海拔 400 公里的高空，
持續環繞地球航行。
正式說法是進入了軌道。

這裡有一艘太空船
卸載貨物完畢。它是進步號，
運來了生活必需品。

這些巨大的太陽能面板
利用太陽光發電。

這艘日本籍
太空船叫做
H-II 傳送載具
（HTV，又稱白鸛號）。
它的用途是載送物料。
船艙裡沒有飛行員，
採用自動駕駛。

這艘俄國太空船叫做聯盟號，
裡面載了 3 名太空人。

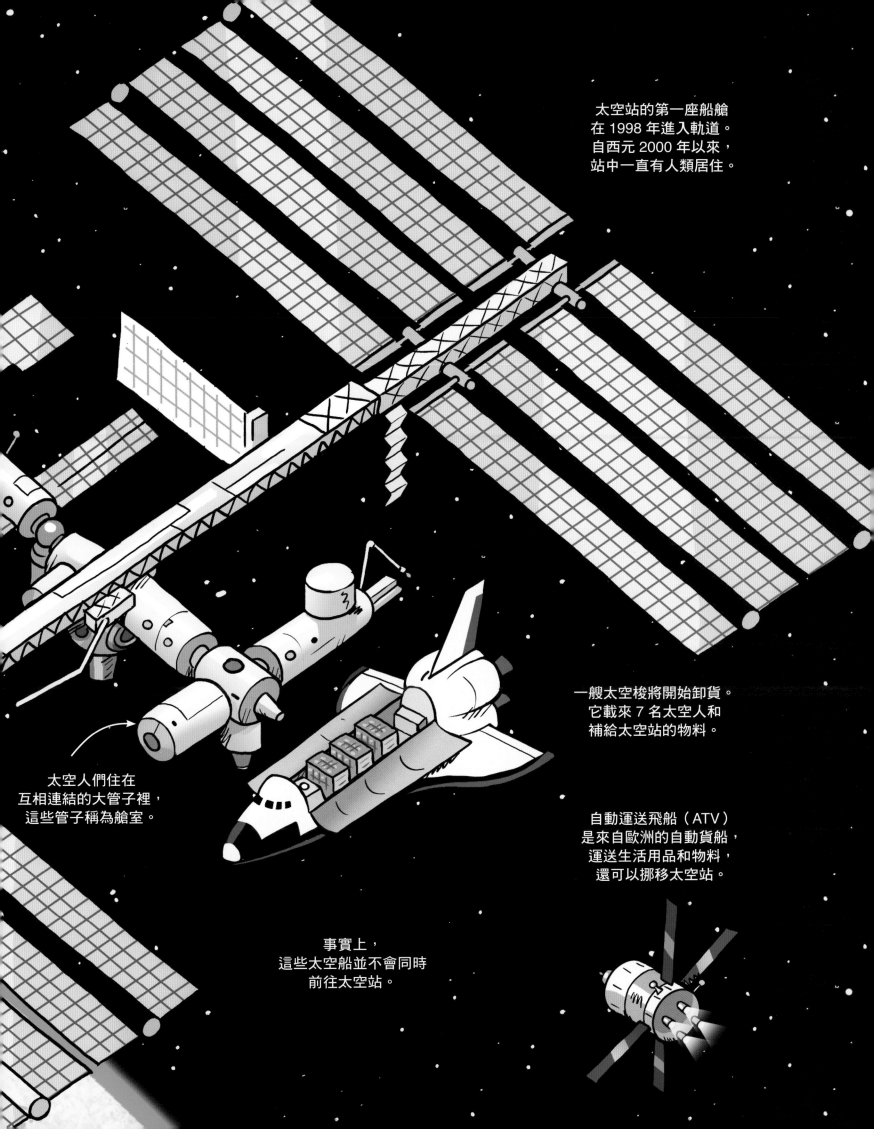

太空站的第一座船艙
在 1998 年進入軌道。
自西元 2000 年以來,
站中一直有人類居住。

一艘太空梭將開始卸貨。
它載來 7 名太空人和
補給太空站的物料。

太空人們住在
互相連結的大管子裡,
這些管子稱為艙室。

自動運送飛船(ATV)
是來自歐洲的自動貨船,
運送生活用品和物料,
還可以挪移太空站。

事實上,
這些太空船並不會同時
前往太空站。

20 世紀，

人類發明了⋯⋯

西元 1903 年

西元 1903 年

西元 1915 年

西元 1945 年

放射性

瑪麗・居禮
（Marie Curie）
和她的丈夫
皮埃爾・居禮
（Pierre Curie），
還有亨利・貝克勒
（Henri Becquerel），
3 人在放射性方面的研究
為他們贏得了諾貝爾獎。

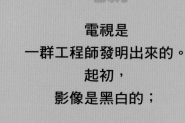

電視

電視是
一群工程師發明出來的。
起初，
影像是黑白的；

飛機

萊特（Wright）兄弟
讓第一架
真正能控制方向的
引擎飛機飛上天空，
「飛行者號」。
它只飛了幾秒鐘，
但那是一項創舉！
在 1906 年，
他們的飛行者三號
飛行了 40 公里！

相對論

亞伯特・愛因斯坦
（Albert Einstein）
發表了
一種看世界的新方式：
廣義相對論。
這項理論解釋
宇宙如何運行⋯⋯

必須等到 1954 年，
美國才播放了
最早的彩色節目。

利用這種能量來源，
後來製造出各種機器，
能更有效地治療病患，
也能產生電力，
卻也被拿來製造核彈⋯⋯

現代
（約20&21世紀）

工業革命時期
（約19世紀）

啟蒙時代
（約17&18世紀）

文藝復興時期
（約16&17世紀）

中世紀
（約5～15世紀）

古文明時代
（約西元前7千年～4世紀）

史前時代
（約距元前2百萬年～距今千年）

西元
1961
年

火箭

第一名太空人
搭乘一枚蘇俄火箭
前往太空，
他的名字是尤里·加加林
（Yuri Gagarin）。
他在 2 個小時之內
就繞行地球一圈！

西元
1969
年

登陸月球

7 月 16 日，
阿波羅 11 號火箭
發射離地。
4 天之後，
美國人尼爾·阿姆斯壯
（Neil Armstrong）
成為第一個
踏上月球的人類。

西元
1981
年

電腦

微電腦走入家庭。
那時，人類還想像不到
這些機器未來幾年
將帶給他們
多大的便利……

西元
2000
年

網際網路

起初，
世界上有 1000 台電腦
連上網際網路，
互相之間
可以交換資訊。

藉著這種網路，
無論在地球的
哪個角落，
人類都可以在
幾秒鐘之內互相溝通！
到了西元 2000 年，
連上網際網路的電腦
已超過 3 億台……

20 世紀城市

在今日，
幾乎每一個人就有一輛車，
交通變得更繁忙了！

公車巴士行駛專用道，
以免困在堵塞的車陣中。

街道鋪了柏油，
再也不像石板路
那樣容易打滑！

靠著紅綠燈，
行人可安全過馬路。

在自行車專用道上，
單車族不受汽車影響。

21世紀的今日

又是什麼狀況呢？

**全世界的人類共同討論，
決定大家的未來……**

地球暖化，
大部分的原因是人類活動造成的。

從現在起的 100 年後，
有些地區將變得
不適合人居住；那就必
須尋覓新的領土，
把一整支一整支的族群
遷移過去。

為了讓所有人一起享有
更好的生活，
我們必須抑制氣候暖化
和暖化的效應，
停止汙染水、
空氣和土地。

只要不妨礙他人，
每個人類個體應該都有
自由生存的權利。
要達成這個理想，
最好的方式就是世界上所有國家
都妥協，接受民主思想。

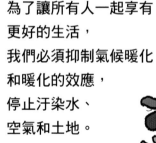

而且，由於我們散播在地表上的
各種化學產品，地球也遭到了破壞。

人類必須學習
分享地球的資源，
生產乾淨健康的食物，餵飽所有人。

是啊！ 21 世紀的人類
必須做出許多重大決定！
在互助合作與互相對抗之間
做出抉擇。

明日的世界，
就掌握在你手裡！

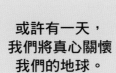

或許有一天，
我們將真心關懷
我們的地球。

或許有一天，
能讓每一個人快樂生活，
安心將孩子扶養長大。

或許有一天，
我們都能接受別人的想法
與我們不同。

那麼，
我們的歷史
將能再持續
很久很久……

（約20 & 21世紀）
現代

（約19世紀）
工業革命時期

（約17 & 18世紀）
啟蒙時代

（約16 & 17世紀）
文藝復興時期

（約5～15世紀）
中世紀

（約西元前7千年～4世紀）
古文明時代

（約西元前2百萬年～前8千年）
史前時代

明日之城

人們更常乘坐火車。
這項交通工具能供許多乘客搭乘旅行，
但不至於過度製造汙染。
就連卡車也用車廂來載運！

農人將學會
不使用會汙染土地的產品
耕種。

綠樹圍繞的小樓房
取代舊有的社區。

在城市中移動時，
許多人都使用自行車。

相信你也能想出守護地球的辦法。
如果所有人都加入行動，
我們的世界可能接近這個模樣……

人們到處設置
風力發電機──
這些巨大的螺旋槳
能夠發電
卻不弄髒空氣。

電動汽車
不再噴出廢氣。

太陽能面板
能將日光
轉換成電力。

我們有千千萬萬個祖先！

你能生下來，是拜幾千萬年來的千萬個祖先之所賜。來找找最下方的喬絲汀，她的年紀和你差不多，在此想把她的家族介紹給你……

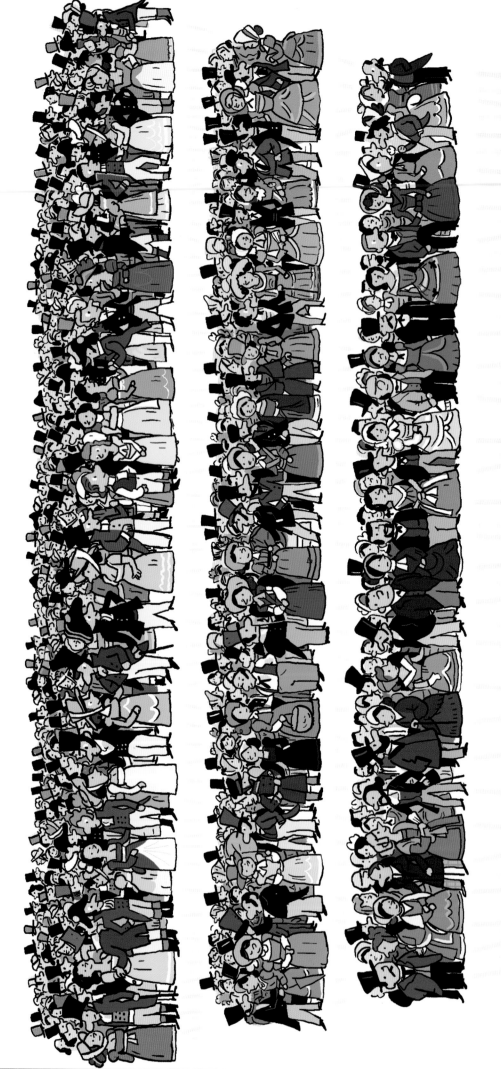

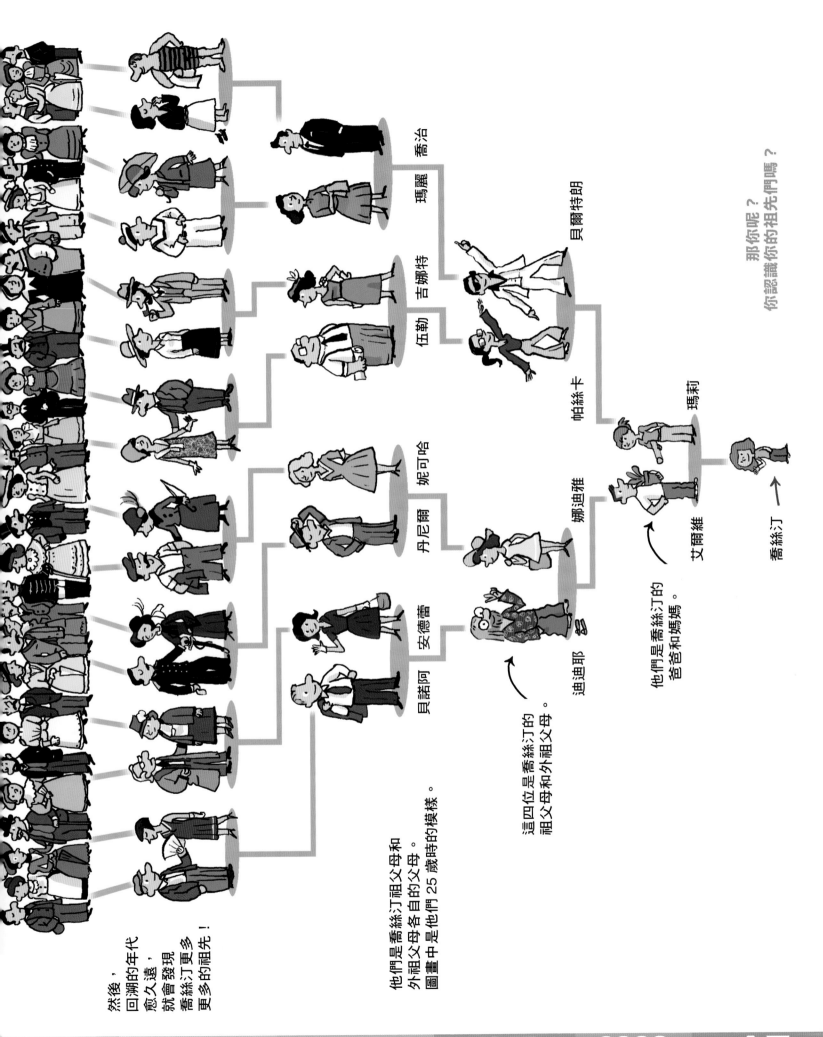

然後，
回溯的年代
愈久遠，
就會發現
喬絲汀
更更多
的祖先！

他們是喬絲汀祖父母和
外祖父母各自的父母。
圖畫中是他們 25 歲時的模樣。

這四位是喬絲汀的
祖父母和外祖父母。

他們是喬絲汀的
爸爸和媽媽。

喬治

瑪麗

吉娜特

伍勒

貝爾特朗

妮可哈

丹尼爾

帕絲卡

瑪莉

安德雷

娜迪雅

艾爾維

貝諾阿

迪迪耶

喬絲汀 →

那你呢？
你認識你的祖先們嗎？

1900　　**1925**　　**1950**　　**1975**　　**2000**　　**今日**

我們將有好多好多子孫！

有一天，或許你會有小孩。而他們也會再生小孩，依此類推，延續下去……
想想：拜你之所賜，有多少男男女女將會誕生在這個世界上！
真不可思議，不是嗎？

想像一下：200 年前，有一個年輕人叫法蘭斯瓦……

法蘭斯瓦娶了白蘭雪。兩人一起生了 2 個孩子：瑪格麗特和皮耶。

法蘭斯瓦　白蘭雪

瑪格麗特嫁給了約翰。他們有 3 個孩子：薇薇安、馬丁和保羅。

約翰　瑪格麗特

皮耶和喬瑟特結婚。兩人只生了 1 個女兒：伊莎貝爾。

皮耶　喬瑟特

伊莎貝爾

馬丁沒有孩子。

馬丁

保羅娶了珍娜，兩人生了 6 個孩子……

保羅　珍娜

薇薇安跟鞏札格結婚，生了 2 個女兒……

薇薇安　鞏札格

就像這樣經過了很多很多年之後……

這個寶寶，你曉得他是誰嗎？

你知道嗎？到了今天，法蘭斯瓦可能已經有上千個後代子孫！
這表示，你，到了西元 2200 年，可能也會有上千個子孫呢！

1900　　**1925**　　**1950**　　**1975**　　**2000**

把這些船依照從古代到現代的順序排列出來：

A. 獨木舟

B. 貨輪

D. 蒸汽船

C. 龍頭戰艦

E. 帆槳戰船

F. 卡拉克大帆船

你能在書裡的大地圖上找到這些島嶼嗎？

復活節島
這座島上的居民
雕刻了巨大的石像，
稱為摩埃像。

一座石油探勘平台
這是一座人工島，
是人類為了開採海底的石油
而興建的。

馬達加斯加
這座島上
最著名的動物
是狐猴。

塔斯馬尼亞
這座島上
曾經生活著
塔斯馬尼亞袋狼，
經過人類
大量獵捕之後，
已在上個世紀絕種。

凱爾蓋朗群島
這些小島上
唯一的居民
是研究地質的
科學家們。

聖赫倫那島
拿破崙大帝
失勢之後，
被放逐到
這座島上。

這些屋子是誰蓋的？

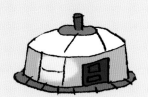
2. 蒙古包

1. 大莊園

a. 美洲印第安人

b. 紐因特人

3. 冰屋

4. 梯皮

e. 蒙古人

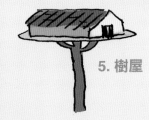
5. 樹屋

c. 羅馬人

d. 巴布亞人

以下建築中最古老的是哪三座？

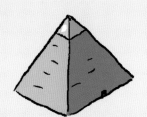
古夫金字塔

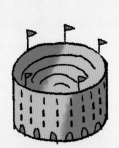
圓形競技場

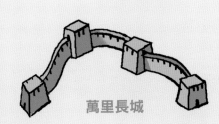
艾菲爾鐵塔

吳哥窟

自由女神像

馬丘比丘城

萬里長城

馬雅金字塔

動動腦 Q&A

地球上有好多不一樣的風景。
試著在地圖上把它們找出來。

高山

叢林

沙漠

凍原

海冰

平原

這些動物分別生活在哪一洲？

B. 老虎

A. 袋鼠

F. 鴕鳥

H. 鴨嘴獸

G. 魚鷹

C. 山羊

D. 獅子

E. 豬

I. 貓熊

J. 野豬

解答

船

1. 史前時代的人類就已經開始使用獨木舟。
2. 帆槳戰船是古羅馬的船隻，屬於古文明時代。
3. 龍頭戰艦是維京人的戰船。
4. 卡拉克大帆船是十六世紀的重型船艦。
5. 蒸汽船在十九世紀遍行四海。
6. 貨輪是今日的商船。

島嶼

復活節島➜ 54 頁和 64 頁
塔斯馬尼亞島➜ 75 頁
石油探勘平台➜ 87 頁
馬達加斯加島➜ 41 頁
聖赫倫那島➜ 74 頁

房屋

1c，2e，3b，4a，5d

建築

最古老的建築前三名都追溯到古文明時代：

· 古夫金字塔，在 4600 年前建造於埃及。
· 萬里長城的興建工程在 2300 年前開始。
· 圓形競技場在將近 2000 年以前落成。
· 馬雅金字塔、吳哥窟和馬丘比丘城興建於中古世紀。
· 自由女神像建造於西元 1886 年，艾菲爾鐵塔則在西元 1889 年完工。

風景

高山➜ 40 頁
凍原➜ 54 頁
叢林➜ 40 頁
海冰➜ 12 頁
沙漠➜ 23 頁
平原➜ 65 頁

動物

美洲：E、G
歐洲：C、J
亞洲：B、I
非洲：D、F
大洋洲：A、H

玩具

1. 球：今日
2. 玩偶：19 世紀
3. 小拖車：16 ～ 18 世紀
4. 風箏：16 世紀
5. 陀螺：古文明時代
6. 弓箭：史前時代
7. 雪人：中古世紀

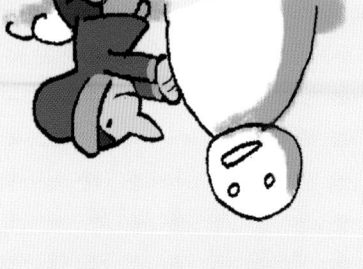

4. 圓箏

3. 小拖車

7. 雪人

6. 弓箭

5. 陀螺

1. 球

2. 玩偶

這些玩具分別出現在歷史上的哪個時期？

索引

作者

貝特朗 ‧ 菲述（Bertrand Fichou）

1962 年出生於法國卡昂。在學時研究文學與新聞，曾任職於新聞界，現為《耶，我懂了！》雜誌主編。著有《7 ～ 77 歲的聰明科學》、《維克多歷險記》等膾炙人口的傑作。

迪迪耶 ‧ 巴力席維（Didier Balicevic）

1974 年出生於法國，他在完成學業後，花了很多時間到處旅行，也曾在英國待了兩年，目前從事兒童雜誌的插畫工作，經常與法國知名出版社 Bayard 合作。

譯者

陳太乙

國立中央大學法文系畢業，法國 Tours 大學法國現代文學碩士，法國 Grenoble 第三大學法語外語教學碩士暨語言學博士候選人。曾任中學及大學兼任講師，目前為專職譯者，譯有《歐赫貝奇幻地誌學 A-Z》系列套書、《長崎》、《拇指男孩的秘密日記》、《哈德良回憶錄》、《14-14 穿越時空的來信》、《三境邊界秘話》、《現代生活的畫家 - 波特萊爾文集》等各類書籍三十餘冊。

野人文化
讀者回函卡

書　名

姓　名　　　　　　　　□女　□男　　年齡

地　址

電　話　　　　　　手機

Email

□同意　□不同意　　收到野人文化新書電子報

學　歷　□國中(含以下)　□高中職　　□大專　　　□研究所以上
職　業　□生產/製造　□金融/商業　□傳播/廣告　□軍警/公務員
　　　　□教育/文化　□旅遊/運輸　□醫療/保健　□仲介/服務
　　　　□學生　　　　□自由/家管　□其他

◆你從何處知道此書？
　□書店：名稱 _____　　□網路：名稱 _____
　□量販店：名稱 _____　　□其他 _____

◆你以何種方式購買本書？
　□誠品書店　□誠品網路書店　□金石堂書店　□金石堂網路書店
　□博客來網路書店　□其他 _____

◆你的閱讀習慣：
　□親子教養　□文學　□翻譯小說　□日文小說　□華文小說　□藝術設計
　□人文社科　□自然科學　□商業理財　□宗教哲學　□心理勵志
　□休閒生活（旅遊、瘦身、美容、園藝等）　□手工藝／DIY　□飲食／食譜
　□健康養生　□兩性　□圖文書／漫畫　□其他 _____

◆你對本書的評價：（請填代號，1. 非常滿意　2. 滿意　3. 尚可　4. 待改進）
　書名 _____　封面設計 _____　版面編排 _____　印刷 _____　內容 _____
　整體評價 _____

◆你對本書的建議：
_____
_____
_____

野人文化部落格 http://yeren.pixnet.net/blog
野人文化粉絲專頁 http://www.facebook.com/yerenpublish

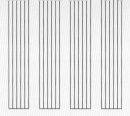

23141
新北市新店區民權路108-2號9樓
野人文化股份有限公司 收

請沿線撕下對折寄回

野人

書號：0NNC1007